Tina Kresse, Susanne McCafferty, Alisa Schied

Anschluss finden

Deutsch

Grundlagentraining

Leseheft

2

W0350008

Name: ______________________________

Klasse: ____________

Steckbriefe der Kinder

①
Sie ist ein Mädchen.
Sie ist acht Jahre alt.
Sie hat rote, lockige Haare.
Sie wohnt bei ihrer Oma.
Sie singt gerne.
Sie ist Dianas Freundin.
Sie kommt aus Deutschland.

②
Er ist ein Junge.
Er sitzt im Rollstuhl.
Er hat rote Haare.
Er hat einen Wellensittich.
Er reitet gerne.
Er hat eine kleine Schwester.
Er kommt aus Rumänien.

③
Er ist ein Junge.
Er ist acht Jahre alt.
Er hat kurze, blonde Haare.
Er hat eine Spinne.
Er klettert gerne.
Er rennt gerne.
Er kommt aus Israel.

④
Sie ist ein Mädchen.
Sie ist neun Jahre alt.
Sie hat blonde, kurze Haare.
Sie hat einen Hasen.
Sie malt gerne.
Sie hat einen Bruder.
Sie kommt aus Deutschland.

⑤
Sie ist ein Mädchen.
Sie ist sieben Jahre alt.
Sie hat blonde Haare.
Sie hat einen Hamster.
Sie kocht gerne Spaghetti.
Sie singt gerne.
Sie kommt aus Polen.

⑥
Er ist ein Junge.
Er ist acht Jahre alt.
Er hat kurze, schwarze Haare.
Er schläft gerne.
Er trägt ein orangefarbenes T-Shirt.
Er hat eine Schwester.
Er kommt aus Schottland.

Sie ist ein Mädchen. ⑦
Sie ist neun Jahre alt.
Sie trägt einen Pferdeschwanz.
Sie hat kein Haustier.
Sie tanzt gerne.
Sie rechnet gerne.
Sie kommt aus der Türkei.

Er ist ein Junge. ⑧
Er ist acht Jahre alt.
Er trägt eine Brille.
Er hat einen Hund.
Er fährt gerne Fahrrad.
Er hat im Winter Geburtstag.
Er kommt aus Russland.

1

3
Jakob

David

Diana

Lisa

Michael

Leyla

Paul

Sophie

Kinder in der zweiten Klasse

David ist in der zweiten Klasse. Er ist ein Junge und er ist acht Jahre alt. David trägt eine Brille. Er hat einen Hund. Der Hund heißt Hero.

Ioannis ist auch acht Jahre alt. Er ist ein Junge. Ioannis hat eine Schildkröte. Die Schildkröte heißt Molly.

Diana ist sieben Jahre alt. Sie ist ein Mädchen. Sie hat einen Hamster und der Hamster heißt Fridolin. Jeden Abend spielt Diana mit Fridolin.

Viele Kinder haben ein Haustier.

1	**zweite**	1. – erste 2. – zweite 3. – dritte
6	**auch**	ein Hund auch ein Hund
		ein Apfel auch ein Apfel
13	**jeden Abend**	Montag-, Dienstag-, Mittwoch-, Donnerstag-, Freitag-, Samstag- **und** Sonntagabend
14	**viele**	wenige viele
14	das **Haustier**	Tier, das im Haus lebt

1

a) ☐ viele

b) ☐ wenige

c) ☐ Das ist ein Haustier.

d) ☐ Das ist kein Haustier.

e) ☐ Das ist die dritte Klasse.

f) ☐ Das ist die zweite Klasse.

g) ☐ Das ist die vierte Klasse.

h) ☐ Das ist die erste Klasse.

Was wir in der Schule tun

Die Kinder der Klasse 2 sind in der Schule. Sie dürfen tun, was sie gerne mögen.

Lisa malt weiter an ihrem Bild. Sie mag ihre neuen Filzstifte.

Anna liest in ihrem Buch. Sie mag spannende Geschichten.

Peter rechnet in seinem Übungsheft. Er mag Mathematik.

Michael schreibt in sein Heft. Er mag die neuen Linien.

Sophie und Diana singen ein Lied. Sie mögen das neue Lied.

David und Ioannis spielen Fußball. Sie mögen Sport.

Da kommt die Lehrerin. Sie schimpft. Die Kinder dürfen im Klassenzimmer nicht Fußball spielen.

2		**mögen**	gerne tun, gerne haben
3		**weiter**	anfangen ⟶ aufhören ⟶ weitermachen
4	der	**Filzstift**	
6		**spannend**	interessant Du weißt nicht, wie die Geschichte endet.
7	das	**Übungsheft**	ein Heft, um lesen, schreiben, rechnen zu üben
8	die	**Mathematik**	Wenn Kinder rechnen, lernen sie Mathematik.
10	die	**Linien**	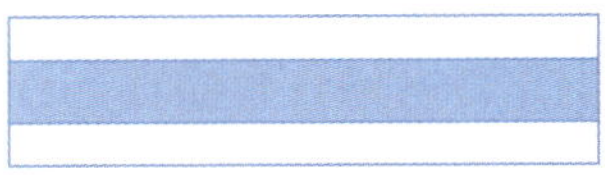
16		**schimpfen**	Die Lehrerin sagt, dass sie sich ärgert.

1

a) ☐ Die Mutter lacht.
b) ☐ Die Mutter schimpft.

c) ☐ die Bleistifte
d) ☐ die Filzstifte

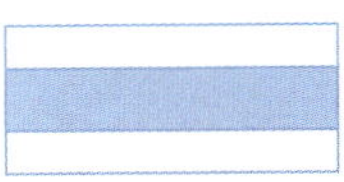

e) ☐ der Buchstabe
f) ☐ die Linien

g) ☐ harmlos
h) ☐ spannend

Zu Hause bei Anton

Peter und Lisa besuchen Anton zu Hause. Die Wohnung ist im zweiten Stockwerk. Anton führt die Freunde durch den Flur. Lisa und Peter sehen drei Betten im Schlafzimmer. Antons Bett steht ganz hinten an der Wand. Er schläft in einem Stockbett. Vor Antons Bett steht ein Vogelkäfig mit einem Vogel. Die Küche ist neben dem Wohnzimmer. Das Sofa im Wohnzimmer ist groß. Es steht zwischen der Tür und dem Fenster. Außerdem steht ein Regal neben dem Sofa. Auf dem Tisch liegt eine hellblaue Tischdecke. Eine braune Katze schläft auf dem Fensterbrett. Die Vorhänge vor dem Fenster sind gelb. Es ist gemütlich in Antons Wohnung.

2 **die Wohnung** Teil eines Hauses, in dem eine Familie lebt

2 **das Stockwerk** 

3 **der Flur** 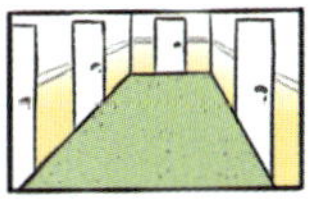

6 **das Stockbett** 

11 **außerdem** und, auch noch

13 **das Fensterbrett** 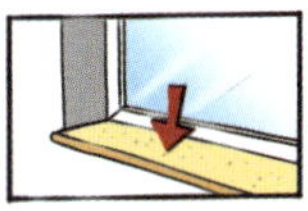

15 **gemütlich** Alle finden es schön, dort zu sein.

1

a) ☐ Lisa malt gerne. Außerdem rennt sie gerne.

b) ☐ Lisa liest gerne. Außerdem schreibt sie gerne.

c) ☐ Peter rechnet gerne. Außerdem klettert er gerne.

d) ☐ Peter singt gerne. Außerdem klettert er gerne.

Wir helfen zu Hause

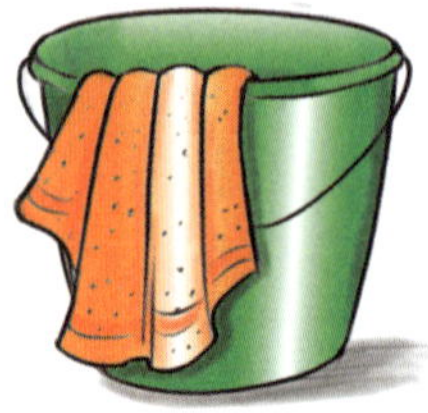

Peter und Lisa sind zu Hause. Es ist langweilig. Sie wollen mit den Eltern spielen. Mutter und Vater haben viel Arbeit. Peter und Lisa helfen.

Lisa will gerne ihrer Mutter helfen. Sie sagt: „Ich putze das Schlafzimmer. Ich spüle das Frühstücksgeschirr. Ich kaufe das Lieblingsobst.“

Peter möchte seinem Vater helfen. Er sagt: „Ich wasche die Handtücher. Ich koche das Lieblingsessen. Ich kehre das Kinderzimmer.“

Das ist viel Arbeit. Lisa und Peter sind müde. Da kommen Mutter und Vater zusammen herein. Die Eltern sagen: „Jetzt können wir spielen.“

Aber beide Kinder schlafen schon.

2		**langweilig**	nicht spannend
3	die	**Eltern**	Mutter und Vater
9	das	**Geschirr**	
9	das	**Frühstücksgeschirr**	Geschirr für das Frühstück
10	das	**Lieblingsobst**	Obst, das man sehr gerne mag
14	das	**Lieblingsessen**	Essen, das man sehr gerne mag
17		**zusammen**	nicht allein, mit anderen
20		**beide**	Lisa <u>und</u> Peter

1

a) ☐ das Geschirr
b) ☐ das Handtuch

c) ☐ das Hemd
d) ☐ das Handtuch

e) ☐ das Lieblingsobst
f) ☐ der Lieblingskuchen

Freunde finden

Paul ist in den Ferien auf einem Pferdehof. Er schreibt einen Brief an seine Mutter:

Liebe Mama,

wie geht es dir? Auf dem Pferdehof ist es sehr schön.
Hier gibt es viele Kinder und Pferde.
Mein neuer Freund heißt Felipe.
Felipe kommt aus Spanien. Er ist sehr lustig.
Mein Rollstuhl stört ihn nicht.
Wenn ich irgendwo nicht fahren kann, hilft er mir.
Felipe holt mein Essen. Er stellt sich in die Reihe.
Felipe hat jetzt keine Angst mehr vor Pferden.
Ich helfe ihm. Felipe ist ein guter Freund.
Was macht ihr am Wochenende?
Gib bitte meiner kleinen Schwester Mia einen Kuss.

Viele Grüße
dein Paul

1	die	**Ferien**	wenn keine Schule ist
1	der	**Pferdehof**	Dort gibt es viele Pferde. Kinder können dort reiten lernen.
2	der	**Brief**	
8	der	**Rollstuhl**	
8		**sich stören**	nicht gut finden
9		**irgendwo**	an einem Platz, der überall sein kann
10	die	**Reihe**	
11		**keine Angst mehr**	Vorher hatte er Angst. Jetzt nicht.
14	der	**Kuss**	
15	der	**Gruß**	„Viele Grüße“ als Abschied in einem Brief

1

a) ☐ ein Krankenhaus	c) ☐ ein Rollstuhl	e) ☐ ein Kuss
b) ☐ ein Pferdehof	d) ☐ ein Sessel	f) ☐ ein Gruß

Herbstfest im Jugendhaus

Hallo Kinder!
Wir laden ein ins Jugendhaus:
Kommt am Freitagnachmittag zu unserem Herbstfest.
Dort könnt ihr mit Freunden viel unternehmen:

Melanie kocht mit euch einen leckeren Eintopf.
Die Kinder holen das Gemüse aus dem Garten.

Lars backt mit euch lustige Kekse.
Sie sehen aus wie Gespenster.

Sabrina bastelt mit euch Laternen aus Papier.

Dann feiern alle gemeinsam ein Herbstfest.
Dort könnt ihr spielen, tanzen, singen und klettern.
Gerne dürft ihr euch auch verkleiden.

Wir freuen uns auf euch!

Die Sozialarbeiter Melanie, Sabrina und Lars

Das machen die Kinder:
Lisa und Sophie backen Kekse.
Peter und David kochen Eintopf.
Paul und Diana basteln Laternen.
Michael und Ioannis verkleiden sich als Gespenster.

2		**einladen**	jemanden bitten zu kommen
2	das	**Jugendhaus**	ein Haus für Kinder und Jugendliche Hier kann man am Nachmittag spielen, basteln und kochen.
3	das	**Herbstfest**	eine Feier im Herbst
4		**unternehmen**	etwas tun
5		**lecker**	schmeckt gut
5	der	**Eintopf**	eine Suppe mit Fleisch oder Gemüse
7	der	**Keks**	
8	das	**Gespenst**	
9	die	**Laterne**	
10		**feiern**	zusammen singen, spielen, tanzen
10		**gemeinsam**	nicht einer allein, alle zusammen
12		**verkleiden**	
14	der	**Sozialarbeiter**	jemand, der für die Kinder da ist

1

a) ☐ bitter
b) ☐ lecker

c) ☐ allein
d) ☐ gemeinsam

e) ☐ normal
f) ☐ verkleidet

Der Jahreslauf

Der Januar und Februar
begrüßen jedes neue Jahr.
Der Winter ist im März vorbei,
der Frühling kommt nun schnell herbei.
April und Mai lässt Blumen reifen,
nach denen Kinder gerne greifen.

Im Juni frierst du gar nicht mehr,
den Sommer lieben alle sehr.
Im Juli ist die Schule aus,
August schickt dich ins Schwimmbad raus.
September bringt dir gute Sachen,
er lässt die Sonnenblumen lachen.

Oktober zeigt sich kühl und nass,
der Herbst mit Drachen macht viel Spaß.
November bist du gern im Haus,
Dezember sagt: „Das Jahr ist aus!“
Was kommt danach? – Du weißt es nicht?
Dann lies noch einmal das Gedicht!

Das Jahr – Gedicht (Farbige Markierung der Reimwörter; bezieht sich auch auf Arbeitsheft S. 32, Aufgabe 2)

2		**begrüßen**	„Guten Tag!“ sagen
3		**vorbei**	weg
4		**herbeikommen**	herkommen
5		**reifen**	größer werden
6		**greifen**	etwas anfassen
10		**schicken**	du sollst dort hingehen
11	die	**Sachen**	Dinge
12	die	**Sonnenblume**	
14	der	**Drachen**	
17		**danach**	nachher, wenn etwas fertig ist
18	das	**Gedicht**	Die Geschichte auf S. 16 ist ein Gedicht. Viele Gedichte reimen sich: aus – Haus.

1

a) ☐ Sachen im Herbst
b) ☐ Spielsachen
c) ☐ Schulsachen

d) ☐ die Sonne
e) ☐ die Sonnenbrille
f) ☐ die Sonnenblume

g) ☐ Brief schreiben
h) ☐ Blumen pflücken
i) ☐ Schlitten fahren

Aus Michaels Tagebuch

Michael schreibt in sein Tagebuch.

Montag, 4. März:
Heute feiern wir Fasching. Um drei Uhr gehe ich mit Anna zum Kinderfasching. Ich verkleide mich als Gespenst. Anna ist als Hase verkleidet. Wir treffen Lisa und Peter. Das wird lustig.

Sonntag, 21. April:
Es ist Ostern. Heute ist Ostersonntag. Zum Glück ist im Frühling das Wetter schön. Um zehn Uhr suchen wir im Garten ein Osternest. Darin sind Osterhasen aus Schokolade und viele bunte Eier. Hoffentlich finde ich alles.

Mittwoch, 12. Juni:
Heute habe ich Geburtstag. Meine Freunde kommen um zwei Uhr zu meiner Geburtstagsfeier. Von meinen Eltern bekomme ich ein Skateboard geschenkt. Mama backt eine große Torte. Ich mag gerne Schokoladentorte.

Dienstag, 24. Dezember:
Heute ist Weihnachten. Ein großer Weihnachtsbaum steht schon im Wohnzimmer. Um vier Uhr dürfen wir ihn mit Weihnachtskugeln und Kerzen schmücken. Das sieht im Winter schön aus.

1	das	**Tagebuch**	ein Heft, in dem du schreibst, was du an vielen Tagen machst
3	der	**Fasching**	Dieses Fest heißt auch Karneval, Fastnacht oder Fasnet. Viele Menschen verkleiden sich.
8	das	**Ostern**	ein christliches Fest; Kinder bekommen bunte Eier und Schokolade
9		**suchen**	Wenn etwas weg ist, muss man es suchen.
10	das	**Osternest**	
10	der	**Osterhase**	
16	die	**Torte**	
18	das	**Weihnachten**	christliches Fest, bei dem Familien einen Baum ins Zimmer stellen
20	die	**Weihnachtskugel**	
20		**schmücken**	schön machen

1

a) ☐ das Ostern
b) ☐ das Weihnachten
c) ☐ der Geburtstag
d) ☐ der Osterhase
e) ☐ der Weihnachtsbaum
f) ☐ das Geburtstagsgeschenk

Ein gruseliger Abend

Es ist der 31. Oktober. Peter und Lisa sind zu einer großen Geburtstagsfeier auf ein Schloss eingeladen.

In der freundlichen Einladung heißt es: Kommt bitte gruselig verkleidet! Lisa sieht in ihrem Hexenkostüm schön und hässlich aus. Peter verkleidet sich als Gespenst.

Das Fest beginnt um sechs Uhr. Es ist schon dunkel. Lisa und Peter sind vor dem großen Schloss. Das riesige, hölzerne Schlosstor ist zu. Doch da öffnet sich langsam das schwere Tor. Peter und die mutige Lisa gehen hinein. Sie sehen nur einige helle Kerzen an den Wänden. Peter ist ein bisschen ängstlich. Er nimmt Lisa an der Hand. Plötzlich öffnen sich viele Türen gleichzeitig. Es kommen Hexen, Gespenster und Vampire.

Peter findet einen kleinen Lichtschalter. Das Licht geht an. Alle lachen. Es sind nur ihre guten Freunde. Mit ihnen feiern sie ein wunderbares, gruseliges Fest.

3	das	**Schloss**	
5		**gruselig**	Angst bekommen
6	das	**Hexenkostüm**	
10		**riesig**	sehr groß
10		**hölzern**	aus Holz
10	das	**Schlosstor**	
11		**schwer**	du brauchst viel Kraft
12		**mutig**	keine Angst haben
13	die	**Wand**	
14		**ängstlich**	Angst haben
15		**gleichzeitig**	auf einmal
16	der	**Vampir**	
17	der	**Lichtschalter**	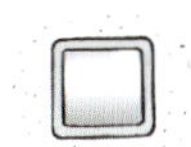

1

a) ☐ die Einladung
b) ☐ das Hexenkostüm

c) ☐ der Lichtschalter
d) ☐ die Kerze

e) ☐ das Schloss
f) ☐ das Schlosstor

Schule in fünfzig Jahren

So stellt sich Aisha die Schule in fünfzig Jahren vor:

„In fünfzig Jahren hast du kein Mäppchen, keine Hefte und keine Bücher mehr. Jedes Kind hat ein eigenes Tablet und einen Stift, ein Mikrofon und Kopfhörer. Mit deinem Schulranzen kannst du in die Schule fliegen.

Die Klassenzimmer sind große Räume mit vielen Computern. Überall sind riesige Bildschirme. Du sitzt auch nicht mehr auf Stühlen und an Tischen. Du stehst an Tastaturen. Dort schließt du dein Tablet an.

Während des Unterrichts schreiben sich die Kinder Nachrichten auf ihren Tablets. Deshalb ist es nicht laut. Die Lehrerin spricht über Kopfhörer mit den Schülern. Du hast Computer für alle Fächer: Sprachen, Sport, Mathematik und Experimente.

Pausen gibt es noch. Auf dem Schulhof ist ein Spielplatz. Dein Essen und Trinken kannst du über dein Tablet bestellen. Ein kleiner Roboter bringt alles an deinen Tisch im Restaurant.

Die Kinder lernen gerne."

1		**fünfzig**	50
3	das	**Tablet**	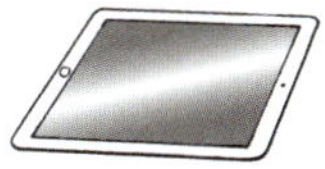
4	das	**Mikrofon**	
4	der	**Kopfhörer**	
7	der	**Bildschirm**	
8	die	**Tastatur**	
8		**anschließen**	den Stecker einstecken
10	die	**Nachricht**	was man anderen schreibt
13	das	**Fach**	Deutsch, Mathematik, Sport, …
13	das	**Experiment**	wenn man etwas ausprobiert
16	der	**Roboter**	

1

a) ☐ Elif hat ein Mikrofon.

b) ☐ Laura hat ein Tablet.

c) ☐ Hannes trägt eine Mütze.

d) ☐ Cem trägt einen Kopfhörer.

e) ☐ Lisa schreibt auf der Tastatur.

f) ☐ Buruk schreibt in sein Heft.

Hero der Retter

David erzählt von seinem Hund:

„Mein Hund heißt Hero. Er ist ein goldfarbener, riesiger Labrador. Am liebsten frisst er trockenes Hundefutter. Aber er mag auch einen frischen Knochen. Außerdem ist er sehr klug. Wenn ich etwas fallen lasse, bringt er es mir gerne.

Hero hat auch einen winzigen Hundefreund. Er heißt King. King ist ein frecher Mops mit einer kurzen Schnauze. Am liebsten frisst er Dosenfutter.

Hero liebt es, im kalten oder warmen Wasser zu schwimmen. King mag kein Wasser. Er mag lieber Ballspiele.

Im Winter ist der See fast ganz mit Eis bedeckt. Eines Tages ist King in ein großes Loch im Eis gefallen. Er hat laut gebellt. Hero ist sofort hingerannt und hat ihn herausgezogen. King hat einen tapferen Retter.“

3		**goldfarben**	hat die Farbe Gold
3	der	**Labrador**	
4		**fressen**	essen, bei einem Tier
4	das	**Hundefutter**	Essen für einen Hund
5		**frisch**	nicht alt
5	der	**Knochen**	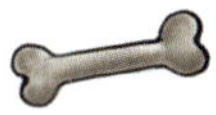
6		**klug**	kann oder weiß sehr viel
8		**winzig**	sehr klein
10		**frech**	macht lustige Sachen
10	der	**Mops**	
10	die	**Schnauze**	
16		**bellen**	so spricht ein Hund
17		**herausziehen**	
18		**tapfer**	mutig
18	der	**Retter**	

1

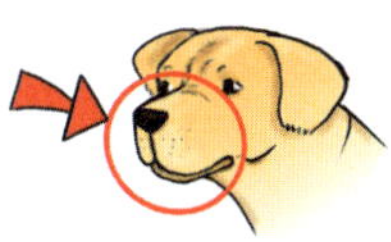

a) ☐ tapfer
b) ☐ winzig
c) ☐ riesig

d) ☐ die Schnauze
e) ☐ das Wasser
f) ☐ der Knochen

g) ☐ bellen
h) ☐ fressen
i) ☐ rennen

Ein Eisbär wird geboren

www.ein-eisbaer-wird-geboren.de

Die Eisbären Giovanna und Yogi wohnen im Tierpark in München. Giovanna ist ein Weibchen. Yogi ist ein Männchen. Am 21. November wurde ihr Baby geboren.

Das Eisbärbaby heißt Nela.

Die Mutter Giovanna kümmert sich liebevoll um ihren Nachwuchs.

Am Nordpol gehen Eisbär-Weibchen in eine Eishöhle, wenn sie Nachwuchs bekommen.

Im Tierpark hat Giovanna einen kleinen Raum nur für sich und das Baby bekommen.

Dort wohnt sie, bis ihr Baby älter ist.

Die Eisbärin passt gut auf das Baby auf. Sie steht nur auf, um etwas zu trinken.

Das Baby wiegt gerade 600 Gramm und ist 20 Zentimeter groß.

Da es keine Geschwister hat, kann es die Milch seiner Mama allein trinken.

Das Baby wird jetzt schnell größer und schwerer werden.

Die Augen öffnet der kleine Eisbär erst in vier Wochen.

Ende des Winters können die Besucher des Tierparks den kleinen Eisbären sehen.

1 **der Eisbär**

1 **der Tierpark** – ein Park, in dem Tiere leben; Zoo

2 **München** – eine große Stadt in Deutschland

2 **das Weibchen** – die Frau bei Tieren

3 **das Männchen** – der Mann bei Tieren

3 **das Baby**

5 **liebevoll** – freundlich, lieb

6 **der Nachwuchs** – Kinder

7 **die Eishöhle**

16 **das Geschwister** – Bruder oder Schwester

21 **der Besucher** – Mensch, der etwas oder jemanden besucht

1

a) ☐ Die Eisbärin trinkt.
b) ☐ Die Eisbärin schläft.
c) ☐ Die Eisbärin spielt.

d) ☐ Das Baby trinkt Milch.
e) ☐ Das Baby öffnet die Augen.
f) ☐ Das Baby ist in der Eishöhle.

Wir kochen Gemüsesuppe

So kannst du Gemüsesuppe kochen:

Zutaten

4 Esslöffel Öl
Salz, Pfeffer
viel Wasser

Küchengeräte

1 sehr großer Topf
1 Kochlöffel
scharfe Messer
Schneidebrettchen

Gemüse:

5 Zwiebeln
1 Knolle Knoblauch
2 Stangen Lauch
1 kleine Knolle Sellerie
8 Karotten
1 kleiner Blumenkohl
10 Kartoffeln
2 Hände voll Bohnen
2 Hände voll Erbsen
6 Tomaten

Schäle das Gemüse.
Schneide die Zwiebeln und den Knoblauch in kleine Würfel.
Schneide das restliche Gemüse in große Würfel.
Gib das Öl in den Topf.
Stelle den Topf auf den Herd.
Schalte den Herd ein.
Gib das Gemüse in den Topf.
Bedecke das Gemüse mit Wasser.
Würze mit Salz und Pfeffer.
Guten Appetit!

3	der	**Esslöffel**	ein großer Löffel für Suppe
3	das	**Öl**	
4	der	**Kochlöffel**	
6	das	**Schneidebrettchen**	
9	die	**Knolle**	rundes Ding
10	die	**Stange**	langes Ding
10	der	**Lauch**	
11	der	**Sellerie**	
11	die	**Erbsen**	
14	der	**Würfel**	
15		**restlich**	was noch übrig ist
20		**bedecken**	etwas darauf schütten oder legen, dass die Dinge ganz darunter sind
21		**würzen**	Gewürze ins Essen geben
22		**Guten Appetit!**	Man wünscht sich, dass es gut schmeckt.

1

	richtig	falsch
a) Der Lauch ist ein Gemüse.	☐	☐
b) Der Apfel ist ein Gemüse.	☐	☐
c) Die Kartoffel ist ein Gemüse.	☐	☐

Wörterliste

Wörterliste

T

das	Tablet	S. 23
das	Tagebuch	S. 19
	tapfer	S. 25
die	Tastatur	S. 23
der	Tierpark	S. 27
die	Torte	S. 19

U

das	Übungsheft	S. 7
	unternehmen	S. 15

V

der	Vampir	S. 21
	verkleiden	S. 15
	viele	S. 5
	vorbei	S. 17

W

die	Wand	S. 21
das	Weibchen	S. 27
das	Weihnachten	S. 19
die	Weihnachtskugel	S. 19
	weiter	S. 7
	winzig	S. 25
die	Wohnung	S. 9
der	Würfel	S. 29
	würzen	S. 29

Z

	zusammen	S. 11
	zweite	S. 5

Lösungen
S. 2/3: 1 Sophie, 2 Paul, 3 Jakob, 4 Lisa, 5 Diana, 6 Michael, 7 Leyla, 8 David; **S. 5**: b) d) e) h); **S. 7**: a) d) f) h); **S. 9**: a) d); **S. 11**: a) d) e); **S. 13**: b) d) e); **S. 15**: b) c) f); **S. 17**: a) f) h); **S. 19**: b) f); **S. 21**: b) d) f); **S. 23**: a) d) e); **S. 25**: b) d) h); **S. 27**: b) d); **S. 29**: a) richtig b) falsch c) richtig